藏在博物馆里的中国历史

中国历史

春秋战国那些事儿

有识文化 编著

成都地图出版社

成都地图出版社

目录

战国 (公元前 475—前 221 年)

战国 (公元前 475—前 221 年)

春秋时期地图

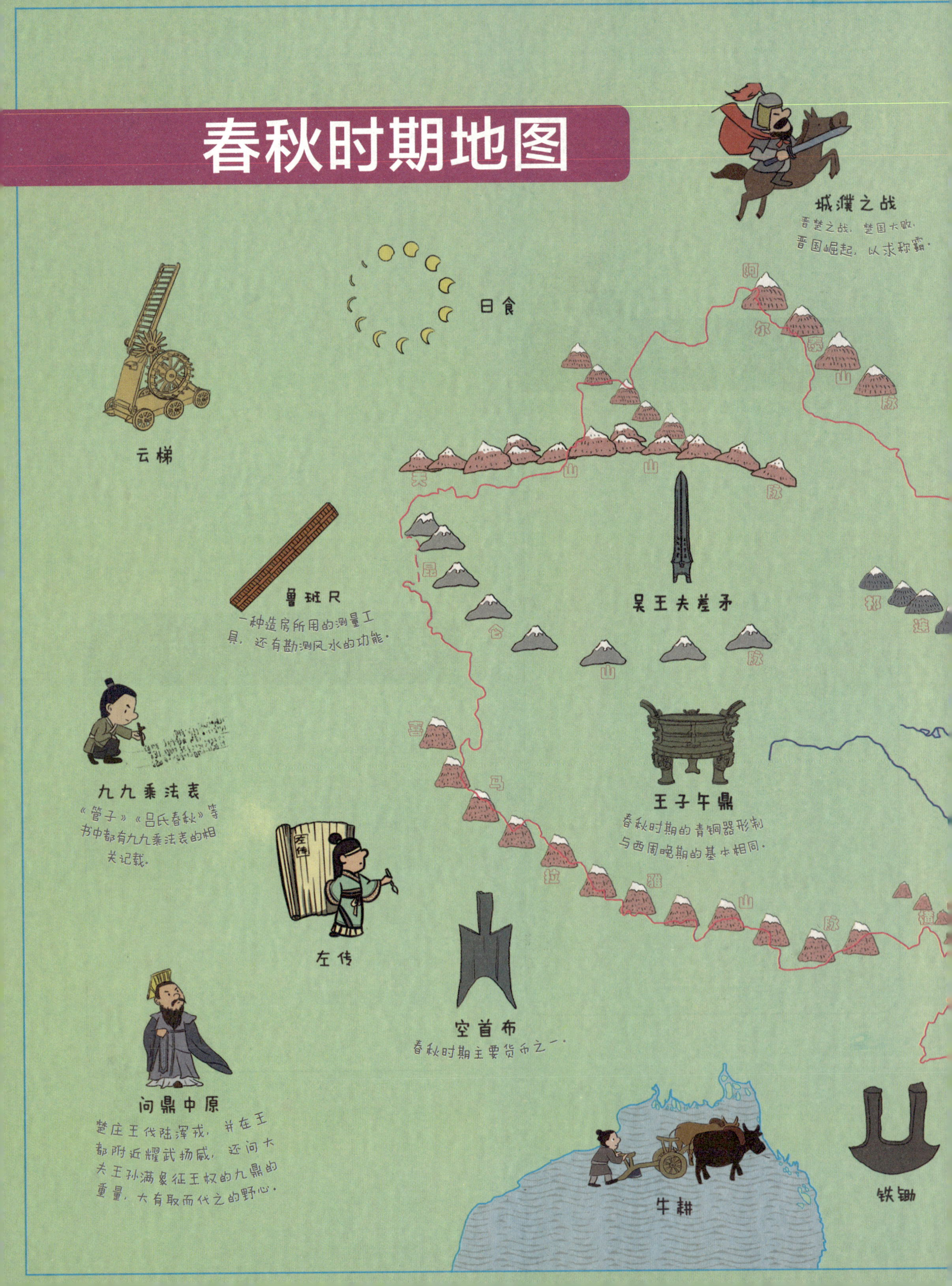
城濮之战
晋楚之战，楚国大败，
晋国崛起，以求称霸。
日食
云梯
阿尔泰山脉
天山山脉
鲁班尺
一种造房所用的测量工具，还有勘测风水的功能。
吴王夫差矛
昆仑山脉
九九乘法表
《管子》《吕氏春秋》等书中都有九九乘法表的相关记载。
王子午鼎
春秋时期的青铜器形制与西周晚期的基本相同。
喜马拉雅山脉
左传
空首布
春秋时期主要货币之一。
问鼎中原
楚庄王伐陆浑戎，并在王都附近耀武扬威，还问大夫王孙满象征王权的九鼎的重量，大有取而代之的野心。
牛耕
铁锄

《诗经》
中国最早的一部诗歌总集，
编成于春秋时代，共305篇。

初见彗星
《春秋》中有关于
哈雷彗星的记载。

周平王
东周第一任君主。

葵丘会盟
齐桓公召集诸侯在葵丘会盟，
成为春秋时期第一个霸主。

大兴安岭

长白山脉

孔子
儒家学派创始人，他与
弟子的言行语录和思想
被收录于《论语》中。

阴山山脉

贺兰山山脉

黄河

燕

渤海

晋水

晋

卫

齐

鲁

宋

河

老子
道家学派创始人，与庄子
并称"老庄"，著有《道德经》。

黄海

东海

秦

秦穆公
因称霸西戎而被
周天子封为诸侯。

吴

越

江

长江

楚

蜀

秦晋之好

越王勾践剑

弭兵之会
会议约定，奉晋、楚两国
为共同霸主，平分霸权。

铁剑

南海

南海

南海

青铜上的诗意
——莲鹤方壶

"就像《诗经·郑风》里写的一样，郑国是一个浪漫的诗歌之乡。"

莲鹤方壶一共有2件，一件收藏于故宫博物院，一件收藏于河南博物院。壶体四面有鳞纹神兽缠绕，壶托上还有龙形装饰，威严而肃穆。壶盖上却有另外一个唯美的世界，壶盖由10组双层并列的青铜莲花瓣构成，花瓣上还有镂空的花纹，壶盖中央站立着一只优雅的仙鹤，整个造型如同《诗经》中所塑造的文学世界一样美好。

专家们认为，莲鹤方壶的主人可能是郑国国君子婴。他的几个哥哥在为了继承权相互厮杀时，他正在陈国当质子。他没有势力强大的外公，也没有精明的母后，可能他从来都没有想过要争夺国君之位。然而，他却成了郑庄公4个儿子中在位时间最长的国君。他身上的戾气显然没有他的几个兄弟那样重，所以在他的墓中会出土

莲鹤方壶这样精美而富有诗意的青铜器，也并不奇怪。

壶，盛酒器，也可盛水。青铜壶的制作上起殷商，下至秦汉，商代前期方壶较少见，随着时代的变迁，形制也不断变化，大多为圆形。2002年，国家文物局发布了《首批禁止出国（境）展览文物目录》。国宝莲鹤方壶名列其中，成为首批禁止出国（境）展览文物之一。

文物档案

名称：莲鹤方壶
年代：春秋
材质：青铜
规格：通高 117 厘米
　　　口长 30.5 厘米
　　　口宽 24.9 厘米
出土地：河南新郑李家楼
收藏地：河南博物院

礼崩乐坏

周王室和天子的实力远不如从前。

夺位闹剧

郑庄公去世之后，由于郑昭公拒绝与齐国的联姻而失去了齐国的政治支持，郑庄公的 4 个儿子上演了夺位闹剧。

挟天子以令诸侯

东周时期，周王室实力下降，地方诸侯为了实现自己的目的，通常会挟制周天子，并假借天子之名号令天下。

天子威严扫地

郑国是春秋时代的历史记载中第一个敢于挑战周王室权威的诸侯国。郑庄公更是将周天子射落马下，一时间风光无限。

天上掉下的王冠

经过一系列的斗争和动乱，质子子婴被接回郑国继位，成了郑庄公儿子中在位时间最长的国君。

最美的诗

《诗经·国风》里的《郑风》可以说是《诗经》里最美的篇章，《山有扶苏》《子衿》《野有蔓草》《出其东门》《风雨》等唯美篇章都出自《郑风》。

"走穴"天子

王权衰落，周王室的财政越来越拮据，天子经常会向诸侯讨要丧葬费、车马费、伙食费、零花钱等，还不得不出席一些诸侯的盟会来"走穴"谋生。

国家可以失去土地
但不能失去德望
土地可以再去征服
而德望只会一去不复返

虽然周天子的威望下降
但是姬姓诸侯的势力仍旧强大
周王朝的统治基础
并没有失去

老马识途

应燕国之请，管仲跟随齐桓公带兵攻退入侵燕国的山戎，回国途中齐军因被假向导引入迷谷而受困，管仲建议用一匹老马带路，最后化险为夷。

表里山河

晋楚决战之前，谋臣子犯劝晋文公参加决战，他认为即使战败，凭太行山和黄河之险也可固守无虞。后世常用"表里山河"说明国防坚固。

当霸主需要大智慧

——王子午鼎

"既要有胆有识，无所畏惧，又要小心谨慎，避免失误。"

1978年，河南省南阳市淅川县下寺楚墓中出土了一套造型相同、大小依次排列的铜鼎，一共7件，其中最大的一件便是我们现在看到的这件。鼎束腰、圆腹、平底、三足，口沿上有耳，旁边铸有6条龙形兽，腹部有浮雕的龙纹、窃曲纹、弦纹等丰富纹饰。鼎内壁有铭文14行86字，记载了鼎主人铸造列鼎的原因，并希望子孙后代不忘祭祀，继承祖先勇敢而谨慎的品质，施行德政，爱护子民，捍卫国家威严。

列鼎的主人叫王子午。

王子午是楚庄王的儿子，楚共王的兄弟，当过楚国令伊（宰相），是名副其实的楚国权贵。依照周朝惯例，能用七鼎的人身份至少是诸侯，而王子午并非楚王，却享有使用诸侯级别的礼制。据此推测，楚王的礼制级别

有可能比王子午还要高。

公元前597年，楚庄王在邲之战中战胜了晋国，借此一举奠定了其"春秋五霸"的地位，楚国国力在此时达到顶点。历史上有名的"问鼎中原"就发生在这个时期。楚庄王跑到中原去问周天子的鼎有多重，但实际上楚国却是出了名的盛产铜矿。而楚庄王之后，楚国就再也没有出现过第二个像他一样厉害的国君。

文物档案

名称：王子午鼎

年代：春秋

材质：青铜

规格：高67厘米

口径66厘米

重100.2千克

出土地：河南淅川

收藏地：中国国家博物馆

春秋五霸

诸侯间的战争加速了民族融合。

尊王攘夷

齐桓公时期，齐国国力突飞猛进。由于周天子力量弱小，齐桓公就提出"尊王攘夷"互助协作的主张，号召各诸侯国尊崇周天子，抵御外夷，锄强扶弱。

秦晋之好

为了扩大政治影响，秦国与晋国数代通婚，秦穆公将女儿嫁给流亡的公子重耳，并帮助他回国继位。后来人们用"秦晋之好"比喻政治联姻。

退避三舍

晋国公子重耳在外流亡时受到楚成王的厚待，楚成王问重耳，如果将来能回晋国当上国君该如何报答自己。重耳说，如果有一天在战场上相见，自己一定会退避三舍。

政治资本

公元前636年，周襄王的弟弟太叔勾结狄人将周襄王赶出了都城，晋文公抓住机会协助周襄王平定叛乱，获得了称霸的政治资本。

强大的诸侯国
改变了国家的政治秩序
世袭贵族的野心
决定着时代的命运

城濮之战

城濮之战拉开了晋楚争霸的序幕，晋国利用楚国主帅子玉的轻敌冒进，以少胜多打败楚军，并奠定了晋国的霸主地位。

崤（xiáo）之战

晋文公去世后，秦国趁晋丧而派兵偷袭依附于晋的郑国，因为郑国早有防备，秦只能退兵。晋襄公率军在秦军撤退必经的崤山隘道设伏全歼秦军，俘虏秦军三位将领。

诸侯国君将新征服的土地
分封给卿大夫
一旦封臣具备一定实力
就会成为国君的敌人

独霸西戎

由于被强大的晋国挡住了发展空间，秦国不得已向西发展，兼并西戎12国，开疆拓土，开始称霸西戎。

一鸣惊人

楚庄王继位之时，国内矛盾重重。庄王三年不问政治，却暗中观察朝局并培植自己的势力，直到庸国发兵攻楚，庄王抓住机会击退外敌并夺回权力。

热闹的郢都

楚国定都郢的 400 余年间，一共吞并了 50 个小国，这也是楚国最强大的时期。

楚国的郢都和齐国的临淄、赵国的邯郸都是当时有名的大都市。

郢都商业发达，齐国的珍珠、魏国的绸缎、秦国的皮毛都能在这里买到。

郢都作为楚国都城长达 400 余年。

楚国的贵族们过着奢华而悠闲的生活，辽阔的疆域给他们带来无尽的财富。

六博棋是当时人们十分热爱的娱乐活动。

郢都有比较发达的水路通线，商旅们在交织的河道往来穿行。

神秘的古越族
——兽面纹龙流盉（hé）

"强大的越族部落不仅拥有大量的财富，还学会了酿酒、农耕和铸造青铜器。"

春秋时期，周王室逐渐衰弱，地方诸侯林立，各自为政，夷族、戎族和越族等少数民族也趁机取得发展。随着中原文化对少数民族地区影响的深入，分布在长江中下游以南沿海地区的古越族边民开始学习农耕、酿酒和青铜铸造，一些强大的部落开始国家化和文明化。

兽面纹龙流盉就是春秋中期南方的越族人模仿西周盉并加以创造的杰作。从纹饰上看，这件青铜盉上的兽面纹与中原地区的兽面纹有很显著的区别。不同于中原地区的饕餮纹等，这件器物的纹饰是一种具有典型南方特色的"雷纹"。

兽面纹龙流盉呈钝三角形，长流作龙形，以张开的龙口为流口；盖顶是一个盘旋而出的龙头，与流口的龙头层叠趋前，呈双龙继起的

姿态；三条龙在盉上合为一体。不管从艺术价值还是锻造技术上来看，这件古越族地区出土的青铜器丝毫不逊色于同时期的中原青铜器。

　　到越王允常和勾践统治时期，国势发展壮大，成为东南强国，为属于南蛮的越族人带来了极高的威望，因而南蛮人开始被统称为"越"。

文物档案

名称：兽面纹龙流盉
年代：春秋
材质：青铜
规格：高 30.1 厘米
　　　长 39.2 厘米
出土地：不详
收藏地：上海博物馆

社会变革

频繁的战争让诸侯们感到疲惫。

问鼎中原

公元前606年，楚庄王伐陆浑戎，并借机北上在王都附近耀武扬威，还问大夫王孙满象征王权的九鼎的重量，大有取而代之的野心。

弭兵之会

春秋后期连年战乱，各国都疲于应付，最后十几个主要诸侯国一起开会决定，大家不再打仗，并约定除齐、秦外，各国要向晋、楚同样朝贡。

邲（bì）之战

公元前597年，楚军围郑三月不下，晋国派兵救援，结果楚晋两军大战于邲（今河南荥阳），楚军大获全胜，楚庄王得以称霸中原。

铁器时代

春秋晚期，人们已经掌握了冶铁技术，并使用铁制农具耕种土地。

由于战争频繁发生
诸侯直接掌握人口和土地的需求增大
集权思想开始萌发

帮天子打官司

晋国大夫郤（xì）至与周天子为争夺一块土地，跑到晋侯那里打官司，天子得到晋侯的支持才得到这块土地。

立贤不立长

赵襄子的父亲将训诫之辞写在竹简上，让儿子们认真习读，等到考察时只有赵襄子一人对竹简上的训诫背诵如流。庶子赵襄子凭此被他的父亲立为继承人。

贵族对土地需求的增加
导致了人口的流动和增长
新生的**军功贵族**
开始获得显要的社会地位

当兵才能改变命运

春秋早期，只有"国人"才有资格当兵，但是随着战争的频发，各诸侯国不得不让没有土地和身份的自由民参加军队，取得战功和爵位。

周景王造币

周景王铸造大钱，是我国文献中关于铸钱的最早纪录。随着商业的发展，春秋时期各诸侯国纷纷开始铸造货币，以方便商贸。

霸业晚成
——吴王夫差矛

"不是人拥有了一件器物，而是器物见证了一个人的经历。"

　　吴国是周王族的同姓诸侯国，但是它的历史比西周王朝还要早。在周还是商代方国的时候，周太王的儿子太伯和仲雍为了将王位让给弟弟季历，兄弟二人借为父采药之名远走到当时还是一片荒芜的江南，并在江南建立了勾吴古国。武王伐纣成功后，命人寻访到两位伯祖的后人，重新将他们封为诸侯。吴王寿梦时期，吴国开始联晋反楚，国力日益强盛，在吴王夫差时期北上称霸，国力达到鼎盛。

　　吴王夫差矛上刻有"吴

王夫差自乍用鍦（钬）”这8个字。据专家考证，钬为矛类刺兵器。这柄矛头是吴王夫差自用的兵器。矛身长29.5厘米，矛身与剑身相似而较短，中线起脊，两面脊上均有血槽，血槽后端各铸一兽头，矛身遍饰精美的几何花纹，制作精良，保存完整。

这支矛在江陵县马山一座小型的楚国墓中被发现，距离越王勾践剑出土地仅仅2千米。

文物档案

名称：吴王夫差矛

年代：春秋

材质：青铜

规格：长 29.5 厘米

出土地：湖北江陵

收藏地：湖北省博物馆

逐鹿中原

一场战争并不足以改变历史。

伍子胥一夜白头

楚国国君听信谗言，下令全国缉捕伍子胥，伍子胥从楚国逃往吴国途中经过昭关，他一边躲避追兵，一边在昭关苦思对策，在极端的忧虑下，竟然一夜白头。

桑叶战争

吴楚两国积怨已久，曾因边境上桑树的归属问题而引发战争。

孙武练兵

吴王为考察孙武的统兵能力，挑选了 100 多名宫女由孙武操练。一开始宫女们嬉笑打闹，孙武便斩杀了作为队长的吴王妃子，结果所有宫女都不敢违令了。

贵族干政

由于分封制度的衰落，很多普通贵族不甘于受嫡长子继承制的局限，各国都出现了贵族通过干预朝政的方式来改变自己和国家命运的事情。

越来越多的贵族开始期待变革
以及通过变革所获得的
顺应时代的先机

卧薪尝胆

越国被吴国打败，越王勾践被囚禁在吴国。为了报仇雪恨，勾践低三下四侍奉吴王，最终得以回国，并打败吴国报仇雪恨。

三家分晋

春秋末年，晋国公室衰弱，权力集中于大夫手中。韩、赵、魏三家联合灭掉其他三家大夫，被周天子命为诸侯，史称"三家分晋"。

鸟尽弓藏

范蠡和文种到越国辅佐被吴王夫差打败的勾践。吴被灭后，范蠡深知勾践为人，就到齐国隐姓埋名经商，还写信劝文种离开，文种不信，最终被勾践逼死。

改变历史的
是那些一开始就想要
改变自己命运的人
而时代正好给了他们机会

田氏代齐

陈国公子完因内乱逃往齐国躲避，受齐桓公厚待，后改姓为田。数百年后，齐国国君与田氏的矛盾激化，田氏最终反客为主取代姜氏成为国君，姜齐变成田齐。

天下第一剑
——越王勾践剑

"历史没有最终的胜利者。"

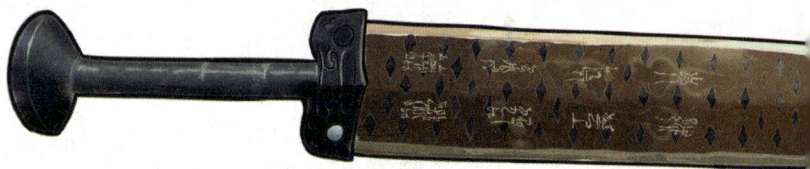

春秋五霸中齐桓公和楚庄王称霸后一代而衰，而吴国在夫差称霸之后更是遭到了亡国的打击，只有晋国和越国两个国家开创了百年霸业。越王勾践是春秋时期最后一位霸主，直到战国时期，越国还对中原地区有一定的影响力。越国的军事力量十分强大，从被誉为"天下第一剑"的越王勾践剑中就可见一斑。这把剑是中国青铜武器中的珍品，体现了当时兵器制造的最高水平。

剑身上布满了规则的黑色菱形暗格花纹，正面近格处有"越王鸠（勾）浅（践）自作用剑"的铭文，剑格正面镶有蓝色琉璃，背面镶有绿松石。越王勾践剑主要用锡青铜铸成，含有少量的铝和微量的镍，灰黑色的菱形花纹及黑色的剑柄、剑格都含有硫。

越王勾践剑出土于一位楚国贵族的墓中。为什么越王勾践的佩剑会出现在楚墓中呢？考古学家们得出了两种解释：第一种说法是，勾践曾把女儿嫁给楚昭王，这把宝剑作为嫁妆到了楚国，后来楚王又将此剑赐给了某个贵族；第二种说法是，战国中期楚国出兵伐越时，一位将军缴获了此剑并带回楚国。

文物档案

名称：越王勾践剑
年代：春秋
材质：青铜
规格：长 55.6 厘米
柄长 8.4 厘米
剑宽 5 厘米
出土地：湖北荆州
收藏地：湖北省博物馆

万象初始

思想是为了解决问题而诞生的。

机械圣人

春秋的著名工匠鲁班，发明了很多机械工具，被后人誉为机械圣人，几千年来很多行业都把他尊为祖师。

轻天重民

随着奴隶制的逐渐瓦解，很多君主开始意识到百姓对一个国家的重要性，轻祭祀、重民生的思想开始萌发。

初见彗星

《春秋》中有古代中国人关于哈雷彗星的记载，这是人类历史上对哈雷彗星最早的记载。

分庭抗礼

孔子的弟子子贡，是一名非常成功的商人，凭借经商才能出入于各国诸侯的门庭，各国国君"无不分庭与之抗礼"。

这是一个所有人
都在思考如何进步的时代
因为在这个时代
不思进取就要被灭亡

"无为"思想

老子通过对当时社会本质的反思，在《道德经》中提出了"无为"思想，并从内心深处表达了对和平世界及安宁生活的期待与向往。

春秋笔法

孔子整理修订鲁史，写成《春秋》——中国第一部编年体史书。书中文字简短，暗含褒贬，微言大义，由此形成一种特殊的史书风格——春秋笔法。

克己复礼

孔子试图通过恢复和继承周代的礼制精神来改变春秋的时代问题，他的"仁"的思想，虽然不能解决统一天下的问题，但是却影响中国数千年。

《左传》

春秋史学家左丘明双目失明，编著了《左传》，又称《春秋左氏传》，与《春秋公羊传》《春秋谷梁传》合称"春秋三传"。

社会大变革为思想碰撞
提供了历史舞台
诸子们为了心目中的理想社会
各抒己见

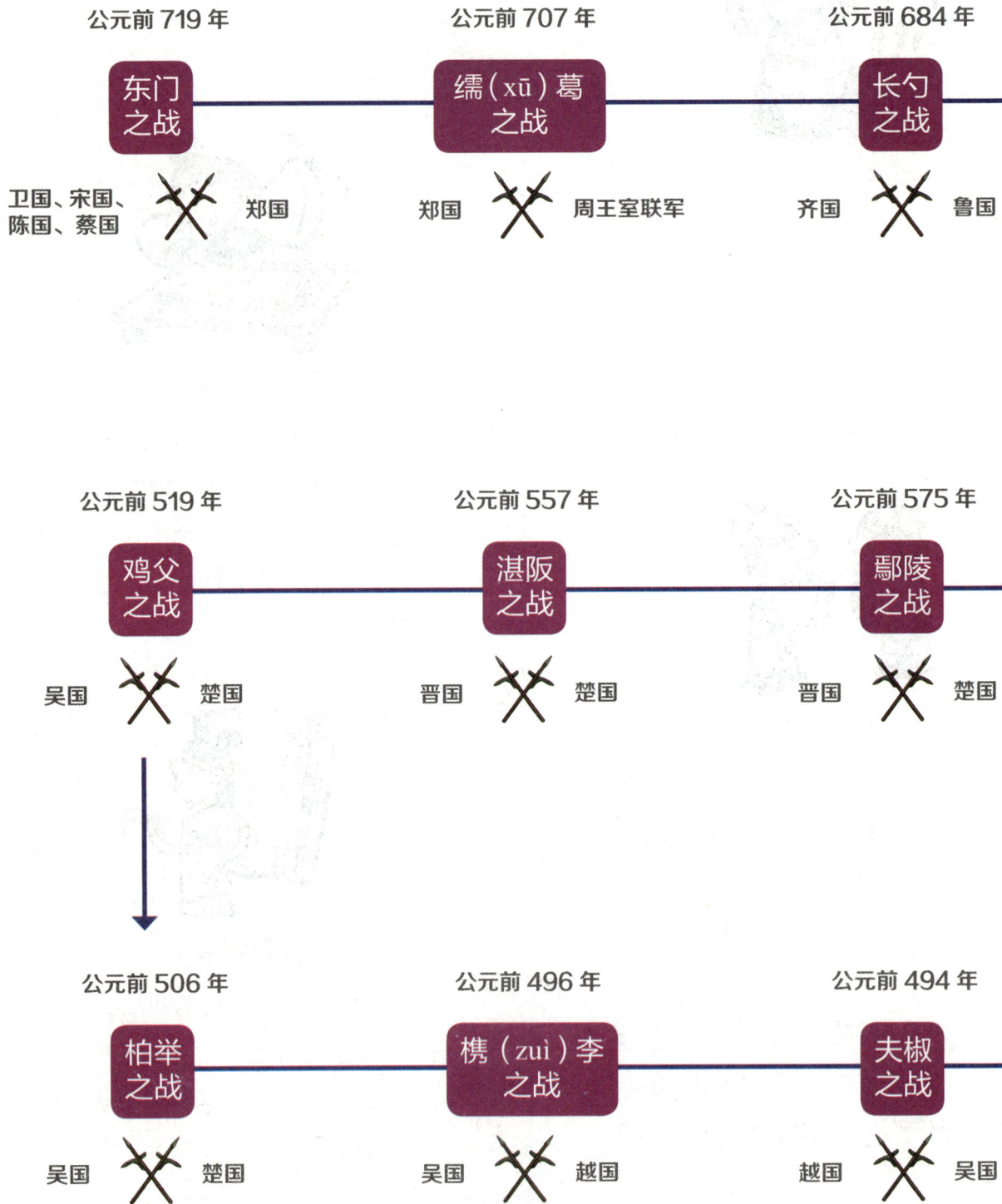

春秋战役图

公元前 719 年

东门之战

卫国、宋国、陈国、蔡国 ✖ 郑国

公元前 707 年

繻(xū)葛之战

郑国 ✖ 周王室联军

公元前 684 年

长勺之战

齐国 ✖ 鲁国

公元前 519 年

鸡父之战

吴国 ✖ 楚国

公元前 557 年

湛阪之战

晋国 ✖ 楚国

公元前 575 年

鄢陵之战

晋国 ✖ 楚国

公元前 506 年

柏举之战

吴国 ✖ 楚国

公元前 496 年

檇(zuì)李之战

吴国 ✖ 越国

公元前 494 年

夫椒之战

越国 ✖ 吴国

公元前 638 年

泓水之战

宋国 ✖ 楚国

公元前 632 年

城濮（pú）之战

晋国 ✖ 楚国

公元前 627 年

崤之战

秦国 ✖ 晋国

公元前 578 年

麻隧之战

秦国 ✖ 晋国

公元前 589 年

鞌（ān）之战

齐国 ✖ 以晋国为首的诸侯联军

公元前 597 年

邲之战

晋国 ✖ 楚国

公元前 484 年

艾陵之战

吴国 ✖ 齐国

公元前 478 年

笠泽之战

越国 ✖ 吴国

公元前 475 年

姑苏围困战

越国 ✖ 吴国

春秋历史大事记

公元前 770—前 476 年

公元前 770 年 ・ 公元前 651 年 ・ 公元前 643—前 642 年 ・ 公元前 632 年

平王东迁

因镐京曾发生过地震而受损，又接近戎、狄等外患威胁，于是平王在即位后第二年将国都迁至洛邑，开启了东周的历史。

尊王攘夷

齐桓公时期，齐国国力突飞猛进。由于周天子力量弱小，齐桓公就提出"尊王攘夷"互助协作的主张，号召各诸侯国尊崇周天子，抵御外夷，锄强扶弱。

春秋大义

齐桓公死后，国内生乱，宋襄公号召诸侯前去齐国平乱，把世子昭送上了国君之位，这是宋襄公称霸的开端。

践土会盟

城濮之战后，晋文公为确立霸主地位，在践土会见诸侯，借周天子之力威慑诸侯，遏制楚国。

| 公元前 627 年 | 公元前 623 年 | 公元前 597 年 | 公元前 546 年 |

崤之战

晋文公去世后，秦国趁晋丧而派兵偷袭依附于晋的郑国，因为郑国早有防备，秦只能退兵。晋襄公率军在秦军撤退必经的崤山隘道设伏全歼秦军，俘虏秦军三位将领。

独霸西戎

公元前 623 年，秦穆公听从由余的建议，倾全力进攻西戎，先后击败十二个戎狄小国，开疆拓土，史称"益国十二，开地千里，遂霸西戎"。

邲之战

公元前 597 年，楚军围郑三月不下，晋国派兵救援，结果楚晋两军大战于邲（今河南荥阳），楚军大获全胜，楚庄王得以称霸中原。

弭兵之会

春秋后期连年战乱，各国都疲于应付，最后十几个主要诸侯国一起开会决定，大家不再打仗，并约定除齐、秦外，各国要向晋、楚同样朝贡。

战国时期地图

屈原

楚国诗人、政治家。楚国郢都被秦军攻破后，自沉于汨罗江，以身殉国。

墨子

墨家学派创始人，主张"兼爱"、"非攻"等观点。

桂陵之战

魏攻赵都城邯郸，齐将田忌、孙膑率军大败魏军，使赵得救。

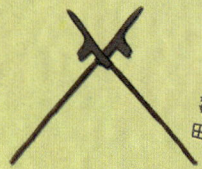

武卒制

魏国变法时期进行的一场军事改革。

丝织业

战国时丝织业发达，数齐国为最，有"冠带衣履天下"之称。

刀币

铁铲

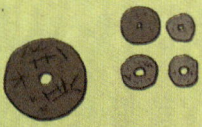

圜钱

战国时期各国自铸货币，相互流通，种类繁多，币制混乱。

马陵之战

齐国出兵攻魏救韩，魏国中途拦截，齐将孙膑设伏歼敌的战例。

郑国渠

战国末年由秦国穿凿，西引泾水、东注洛河，长达150余千米。

城门立柱

秦国商鞅变法时在城门立柱，让百姓移木得赏金，树立了诚信的形象。

庄子

道家学派代表人物，最早提出"内圣外王"思想。

韩非子

法家学派代表人物，将法、术、势集于一身，集法家思想于大成，把法家思想与朴素唯物主义思想融为一体。

胡服骑射
赵武灵王推行"胡服",
教练"骑射",进行军事改革。

纸上谈兵
秦、赵两国决战之时,
只会纸上谈兵的赵括主导
实战,使得赵国战败。

邹忌劝齐王
大臣邹忌劝速齐威王
变法改革,励精图治。

刑名之学
以韩国申不害等为代表,
主张循名责实,慎赏明罚。

乐毅
燕国名将,
大败齐国后一举成名。

大
兴
安
岭

长
白
山
脉

阴 山 山 脉

贺
兰
山

燕

中
山
赵
魏
韩

河
水

黄
河

秦

蜀
巴

江
楚

长
江

江
水

鲁
齐

宋

吴
越

渤
海
渤海

黄 海
东
海

东 海

南 海

岛屿岛 赤尾屿

孟子
儒家学派代表人物,宣扬
"仁政",最早提出
"民贵君轻"思想。

吴起
楚国变法期间,
吴起主导了一系列政责。

合纵连横
战国时期纵横家所宣扬并推行的
外交和军事政责,联合某个国家
借势消灭另一个国家。

南 海

南 海

辟邪飞廉

——错金银双翼神兽

"飞天神兽，福佑四疆。"

中山国由狄族部落的鲜虞人建立，是春秋战国时期少有的非分封或者册封的少数民族政权。早在春秋中后期就见于各国史书，由于国都内有山，所以称为中山国。百余年间中山国是影响北方政治军事格局的重要力量，燕、晋、魏、赵等国将其视为心腹大患，并长期与中山国进行战争。直到战国后期，赵国才将其灭亡。

错金银双翼神兽于1977年在平山县三汲村战国时期中山国王墓出土，在1号墓的东西库中各出土一对，共4件，东库两件头朝左，西库两件头朝右。神兽腹底铸有铭文"十四祀，左使库，啬夫孙固，工隰，冢"13个

字，可知其制作于中山王厝十四年，制作部门是左使库，工匠名为孙固，工长为隈。河北博物院门前的镇兽就是采用放大版的双翼神兽形象。

在远古神话中，曾流传过一种名为"飞廉"的"风神"。据说，"风神飞廉"身长长毛，并生有双翼，是一种善于飞走的神兽。有学者认为，错金银双翼神兽的形象就是神话传说中的"风神飞廉"。

魏国独霸

魏国通过变法率先独霸天下。

平籴（dí）法

官府平价收购和出售粮食，以防止商人和少数贵族垄断粮食，抵御自然灾害对国家的震荡。

《法经》

李悝在魏国制定了一部集各国法律之大成的《法经》，成为了秦汉法律的蓝本。李悝也因此被称为战国法家鼻祖。

开凿运河

为了统一天下，魏惠王将国都从安邑迁到大梁，并命人开凿运河——鸿沟，使得魏国国力大增。

武卒制

吴起创立"武卒制"，对军队进行改革，即所有士兵都必须接受严格的军事考核，通过后才能作为专业士兵。这使魏国成为了战国前期最强大的国家。

战国时期姬姓诸侯的势力
开始退出历史舞台
周王朝分封制度的统治基础
已经完全崩塌

魏国特种兵（魏武卒）

凡能穿 3 层护甲，头戴铁盔，背一张弓、50 支箭、三天的干粮，手拿长戈或铁戟，腰带利剑，半天徒步一百里的士兵，即可通过考核。魏国官府会免去武卒一家人的徭役，并奖励田宅。

围魏救赵

公元前 354 年，魏国围困赵都邯郸，赵国向齐国求救。齐军采用避实就虚的策略袭击魏都大梁，迫使魏军回撤，并大败魏军。

三代收爵

吴起在楚国颁布法令，凡是封君三代后就收回爵禄，废除王族远亲的特殊待遇，旧贵族需迁徙至偏远地区。

逢泽之会

公元前 344 年，魏惠王召集诸侯在逢泽会盟，然后率众去朝见周天子，魏国霸业达到顶峰。

新的时代环境迫使人们
选择新的生存方式
落后于时代的人
必将走向灭亡

中山王的装修图

——错金银铜版兆域图

"我们与这座未完成的宫殿的主人一样，期待着她的盛世芳华。"

据《周礼》记载，"冢人掌公墓之地，辨其兆域而为之图"，可见"兆域"指墓地四周的疆界，兆域图即陵墓建筑规划图。错金银铜版兆域图于1977年出土于中山王墓主椁室，为中山王陵区整体的建筑规划图，图向与现地图相反，上南下北。图版的中心部位用金片嵌出5个享堂建筑的轮廓线，中心为王堂，两侧为哀后堂、王后堂、夫人堂。王堂上部铸有国王命令修建陵墓的诏书3行42字。图版上标有各个建筑的长度和间距，换算得知其比例为1:500，其背面中腰两侧各有一兽面衔环铺首，是迄今发现的世界上最早的有比例的铜版建筑图。

据史料记载，公元前323年，中山成公之子自称"中山王"，与燕、韩、赵、魏诸侯国君史称"五国

相王"。公元前314年，燕国内乱，中山王乘机出兵伐燕，略地"方数百里，列城数十"，夺得了燕国大片土地，跻身诸侯之列，成为"千乘之国"。

中山王墓中最著名的"中山三器"是：中山王铁足铜鼎、夔龙饰刻铭铜方壶和胤嗣刻铭铜圆壶。器物上面刻满了长篇铭文，其中铁足铜鼎上刻有铭文469个字，是国内已发现的战国时期字数最多的一篇铭文。

文物档案

名称： 错金银铜版兆域图

年代： 战国

材质： 青铜

规格： 长 96 厘米
　　　　宽 48 厘米
　　　　厚 0.8 厘米

出土地： 河北平山

收藏地： 河北博物院

战国第八雄

中山国是一个神秘的国家。

五国相王

在公孙衍的斡旋下，魏国、韩国、赵国、燕国和中山国结成联盟，各国国君均称王，以对抗秦、齐、楚等大国，该事件标志着周王权威的彻底消失。

成白刀

战国中期，由中山国铸造的一种货币，形制为钝首，背稍凸而廓较高，柄上脊线或有或无，柄首为正圆环。

千乘之国

列国以战车数量衡量国力，中山国以马车加后勤牛车数量之多，被称为仅次于战国七强"万乘之国"的"千乘之国"。

战国第八雄

三家分晋后，出现七国争雄的局面，中山国因其国力强大，不可小觑，被称为仅次于齐、楚、秦、燕、赵、魏、韩等七个强国之后的"战国第八雄"。

七雄之外，还存在一些小国
例如**中山**、**宋**、**卫**、**鲁**等国
大部分小国都是靠关系存活
而中山国靠的是能打仗

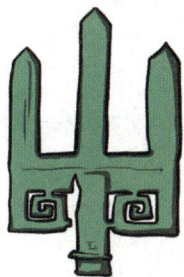

铜"山"字形器

仪仗礼器，一套5件，上部呈"山"字形，为中山国所特有，立于木柱之上排列在帐前，象征着中山王的权威。

中山狼

晋国大夫赵简子在中山举行狩猎，追捕一只狼。狼请求东郭先生帮助并承诺报答，得到帮助后的狼却向东郭先生咬去。

中山长城

战国时，中山国为防范赵国来侵而修筑的长城，其位置大约处于今河北、山西两省交界地带，比秦始皇修的长城要早200余年。

虎毒食子

魏国将领乐羊攻打中山国，中山王将乐羊之子处以烹杀酷刑，将其肉汤送给乐羊。为求魏王信任，乐羊喝了肉汤，却因其狠毒不再得到重用。

战国时期
中原各国与周边少数民族的关系
越来越紧密

天下之礼
——曾侯乙编钟

"礼乐不仅是世俗权力的象征，更是道德秩序的彰显。"

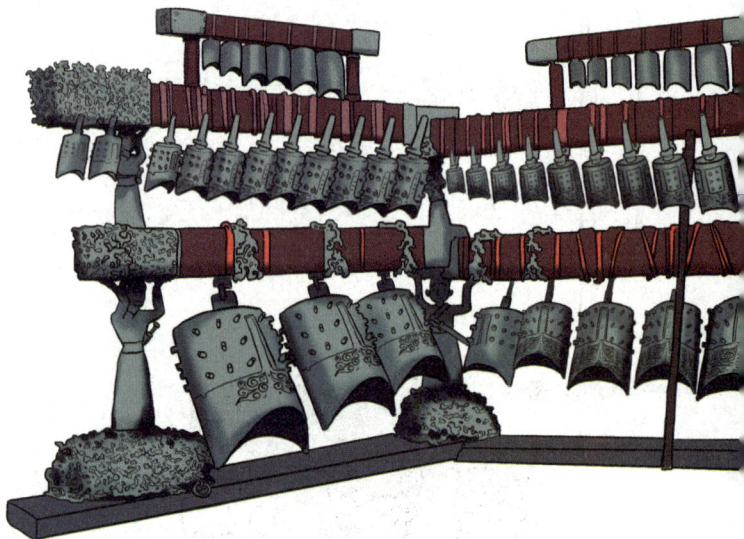

周朝初期依靠分封制度加强了周王室对中原及两河地区的控制力，鼎鼎大名的齐国和秦国都是王室分封的守边诸侯。在南方同样有镇守国境的有功之臣，曾侯乙的祖先南宫适（kuò）就是其中之一。周王将南宫适封于曾，史书上也称其为随国。由于历代曾侯对吞并天下没有多少热情，所以史书对曾国并没有多少记载。然而，现代的考古发现却令人惊叹曾国曾经的显赫和富庶。

1978年，曾侯乙墓在湖

北随县（今随州）擂鼓墩被发现，这个史书上鲜有记载的汉阳小国的墓中竟然出土了15000件各式文物，光青铜器就有6239件。其中曾侯乙编钟一套65件，是迄今发现的最完整最大的一套青铜编钟。这套编钟被评为国家一级文物，也成为湖北省博物馆的"镇馆之宝"，2002年1月被国家文物局列入《首批禁止出国（境）展览文物目录》。

文物档案

名称： 曾侯乙编钟
年代： 战国
材质： 青铜
规格： 钟架长748厘米
　　　　高265厘米
出土地： 湖北随州
收藏地： 湖北省博物馆

战国打工人

分封制正在被时代淘汰。

郡县制

为了改变分封制度导致的权力和财力旁落分散的问题，由国君委派和任免官员并定期更换的郡县制孕育而生。

战国打工人

随着郡县制的推行，诸侯从此不再将土地作为赏赐，而是定期给臣子发工资，并以这种形式管理和控制官员的任命。

战国绩效考核

地方官吏每年年初会向国君呈交管辖区内户口、田地、赋税方面的具体数据，年终时官员需再次上报，国君核验后再根据情况来进行奖惩。

专职官员

随着世袭制度的改变，专职官员开始出现。文官管理政事，武官负责打仗，让专业的人做专业的事，君主治国变得更加轻松。

在新的时代里
旧国家的支柱成为了
新国家的敌人

农业技术升级

战国中期，铁质农具被广泛使用。人们还发明了多种农耕工具，并广泛使用牲畜，大幅度提高了农业生产力。

男耕女织

战国时期，普通家庭都已经是独立的农业生产单位，男性负责耕田和服徭役，女性负责织布等，男耕女织的现象从战国时期一直流传千年。

行军口粮

战国时期，军队行军需要每个士兵自己携带口粮，军队口粮以豆、麦为主，有时还会有面饼。

吃香的职业

手工匠人是战国时期比较吃香的职业，不管是行军打仗还是新修城市，国家对手工匠人的需求通常是供不应求。

每个想要有所作为的君主
都在打破陈规
并依靠谋臣良将们
提出自己的未来构想

巧夺天工
——曾侯乙尊盘

"人们会遗忘一位帝王，但是绝对不会忘记一件珍宝。"

曾侯乙尊盘是周王族诸侯国中曾国国君曾侯乙的青铜器，1978年在湖北随州市擂鼓墩曾侯乙墓中出土，收藏于湖北省博物馆，是中国首批禁止出国（境）展览文物。

尊盘装饰纷繁复杂，铜尊是用34个部件，经过56处铸接、焊接而连成一体，尊体上装饰着28条蟠龙和32条蟠螭，颈部刻有"曾侯乙作持用终"7字铭文。铜盘盘体上共装饰了56条蟠龙和48条蟠螭，盘内底刻有"曾侯乙作持用终"7字铭文。尊盘通体用陶范浑铸而成，尊足等附件为另行铸造，然后用铅锡合金与尊体焊在一起。

尊颈附饰是由繁复而有序的镂空纹样构成，属于熔模铸件。

尊是古代的一种盛酒器，盘则是水器，曾侯乙尊盘融尊盘于一体。这件尊盘的惊人之处在于其鬼斧神工的透空装饰。装饰表层彼此独立，互不相连，由内层铜梗支撑，内层铜梗又分层联结，参差错落，精巧华丽，有着高度的铸造技巧。这一发现，证实了战国早期，中国的失蜡法铸造技术已经成熟。

文物档案

名称： 曾侯乙尊盘

年代： 战国

材质： 青铜

规格： 尊高 33.1 厘米

尊口径 25 厘米

盘高 23.5 厘米

盘口径 58 厘米

出土地： 湖北随州

收藏地： 湖北省博物馆

曾侯乙夜宴

曾国设置了专门掌管音乐事务的乐官。

曾国是西周初期周天子分封镇守南方的重要诸侯国，曾侯乙是曾国的国君。

曾侯乙专用的云纹金盏，是我国目前已发现的最大最重的先秦金器，共重 2156 克。

先秦时期的居室统一称为宫或室，室内有帷幕、烛灯等物品。人们的坐姿为跪坐，座位朝向也有尊卑之别。

青铜冰鉴是独一无二的孤品，被誉为"世界上最早的冰箱"。

人们开始区分饮和食，"饮"指专门用来喝的酒、水，"食"指用各类谷物做的饭食。

水陆运输免税通行证

——错金鄂君启铜节

"权力既能够解决问题，也可以制造麻烦。"

错金鄂君启铜节为青铜铸造，形似剖开的竹节，是楚王发给受封于湖北鄂城的鄂君启的水陆通行免税符节。正面阴刻细线8条，将节面分隔为9行，象征编缀的简册。同时出土的铜节共有5件，可分为两组：舟节为水路通行证，车节为陆路通行证。

周王室依靠同姓诸侯来统治天下，而各地诸侯也将自己的兄弟子侄封于各地来巩固地方统治。大国封君就成为了各国政治经济的中坚力量，如赫赫有名的战国"四大君子"就是其中的代表。楚是战国时期疆域最辽阔的国家，通过鄂君启铜节我们可以得知，这位鄂君启可以调动150艘货船和50辆马车来进行商贸活动，并享有免税的特权。可以说鄂君启是楚国名副其实的实权人

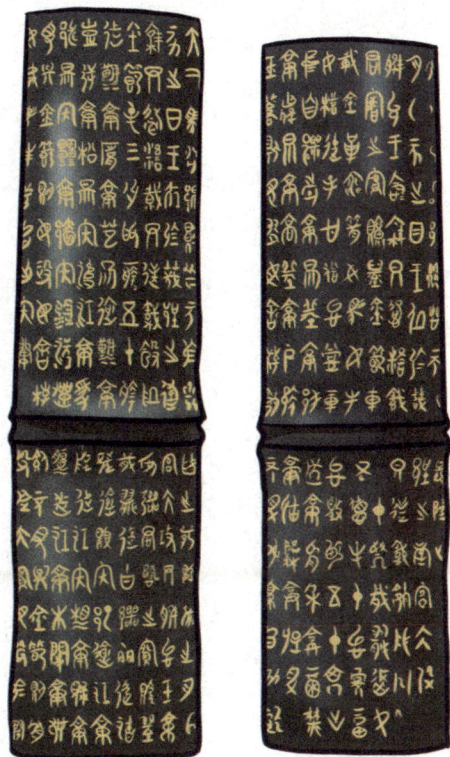

物，这样规模的商贸活动能让这位封君拥有巨大的财富。

楚国疆域辽阔，各地的封君和贵族们享有各式各样的特权，虽然楚王对封君和贵族们的商贸和政治特权有各种限制，并且规定必须履行对国家的义务。然而在实际情况中，一旦王室力量减弱，分散资源和权力就成为了国家的负担。

文物档案

名称：错金鄂君启铜节

年代：战国

材质：青铜

规格：舟节（左）长30.9厘米
车节（右）长29.6厘米

出土地：安徽寿县

收藏地：中国国家博物馆

商业大繁荣

这是一个商业大繁荣的时代。

贩夫走卒

除了大商人之外，城市里还出现了一批小商小贩，以满足都市人群和普通国人的生活需求。

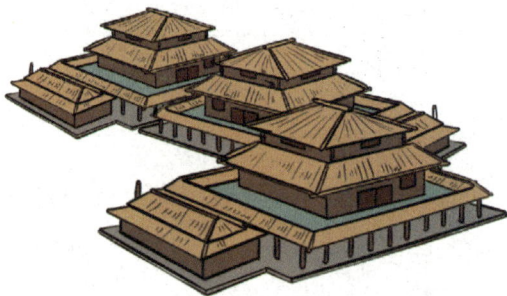

设立关税

关税是战国时期各国除了粮食税之外最稳定的收入来源之一，当时各国的关税额度都不一样。

富商大贾

失去爵位的贵族往往会利用自身资源开始经营工商业，依靠制盐、冶铁等行业起家。

大都市出现

战争、贸易以及人口的流动，促进了商业的繁荣。战国时期出现了一些有名的大都市，人们在这里求学、行商、娱乐和生活。

货币出现

战国时期，为了适应民间商业活动的发展，各国纷纷发行了自己的货币。其中以刀币、铲币、铜贝和圆形铜板这四种为主。

新兴贵族

战国时期出现了很多新兴贵族，这些贵族或因军功而得到封赏，或因土地兼并而做强，他们慢慢成为改变战国格局的重要力量。

礼法制度
已经失去了存在的基础
几乎每一天
人们都会产生新的想法

人口的流动
带来社会结构的变化
同时也改变着
传统的封建生活方式

人口就是生产力

由于战争和贸易的发展，人口流动频繁。为了吸引更多的流动人口为自己效力，新兴的统治者往往会颁布一些有利的政策。

自耕农

很多失去爵位的普通贵族，既没有获得军功，也没有行商租田，被迫开始参与农耕。他们拥有自由身份，并且独立劳动。

指点江山
——杜虎符

"兵符可以决定万千将士的生死，以及一个国家的兴衰。"

战国早期和中期，秦国在群雄角逐中实际上是落后的。秦国农产有限、文化贫瘠、贸易落后，在军事方面，也只能勉强自保，然而中原强国之间的战争却给秦国留下了发展的余地。对于秦国来说，他们的祖辈、父辈就生存在西戎和权贵间的夹缝中。所以，建立一支强大的军队，就成为了秦国历代国君的理想。

杜虎符，1973年出土于陕西西安市郊。它身量小巧，形似老虎，由青铜制成，正面突起如浮雕，背面有槽，虎身有错金铭文9行40字，是秦国专门用于调动驻扎在杜地的军队的兵符。在古代，兵符分为两半，右半符在国君手中，左半符在驻军统帅手中。调兵时，由使者持右半符前往军队驻地，与军队统帅的左半符验合

后，军队即可行动。

兵符证实了战国时期君主的集权，君主直接掌控军队。史书上有魏国信陵君盗取兵符发兵救赵的记载，虽然说信陵君盗取兵符的最终结果是保卫了国家，但是也说明了兵符制度这种将国家兴亡系与一人之手的操作，确实存在不小的隐患和风险。

文物档案

名称： 杜虎符

年代： 战国

材质： 青铜

规格： 长 9.5 厘米
高 4.4 厘米

出土地： 陕西西安

收藏地： 陕西历史博物馆

商鞅变法

商鞅变法奠定了秦国富强的基础。

改革高潮

春秋战国时期，各国为了实现富国强兵，纷纷推行变法，掀起了改革高潮。在这些变法实践中，秦国商鞅变法最为彻底。

《垦草令》

《垦草令》的主要内容有：刺激农业生产；抑制商业发展；削弱贵族、官吏的特权，让贵族加入到农业生产中；实行统一的税租制度等改革方略。

统一度量衡

商鞅颁行标准的度量衡器，要求秦国人必须严格执行，不得违犯。这项举措给当时的经济发展提供了便利。

奖励军功

商鞅变法规定，国家按军功的大小授予爵位并赏赐土地，官吏从有军功爵的人中选用。

商鞅变法冲击了分封制
并且拉开了中国历史上
持续千年之久的
地方与中央权力博弈的帷幕

户籍制度

户籍制度把居民五家编为一"伍"，十家编为一"什"，让他们互相监督，否则一家出事，其他各家都要跟着受牵连。

推行县制

设置县一级行政机构。县设县令以主县政，设县丞以辅佐县令，设县尉以掌管军事。县下辖若干都、乡、邑、聚。

被诬谋反

秦孝公死后，公子虔等贵族势力便罗织罪名，诬陷商鞅谋反。商鞅出逃魏国不成功，被迫潜回封邑商於，发动邑兵攻打郑邑，最后兵败被杀。

五马分商鞅

商鞅的尸体被秦惠文王处以车裂之刑，把他的头和四肢分别绑在五匹马上，向不同的方向拉，身体被撕裂为几块，是古代一种极其残酷的刑罚。

战国时
各国间的**军事竞赛**十分激烈
大国拥兵百万
七雄中最弱的韩国
也有 30 万常备军

齐秦争霸

齐秦两霸对峙的局面持续了很长时间。

马陵之战

公元前341年，齐国在马陵大败魏国，从此魏国的国势衰落，齐国崛起。

纸上谈兵

赵括从小熟读兵书，爱谈论军事，自视甚高，却不被其父赵国名将赵奢看好。在长平之战中，赵括只知据兵书而办，不知变通，最终军败身亡。

桑丘之战

秦国面对不断强大的齐国，主动发起了桑丘之战。秦国孤军深入齐国，中了齐将匡章的计谋，最终被打败。

秦灭巴蜀

秦王欲攻巴蜀但犹豫不决，司马错进言，得蜀地可扩大疆域，取其财还可富民缮兵，巴蜀水道直通楚国，得蜀便得楚，楚亡则天下一统。最终秦王采纳了司马错的主张，灭了巴蜀。

谋臣们在各国的朝堂上
谋取政治资本
将军们在战场上
赢得他们的爵位和功名

乐毅破齐

燕将乐毅统领赵、楚、韩、魏、燕 5 国军队讨伐齐国，在济水以西打败齐军主力。齐军精锐已失，国内纷乱，乐毅率燕军乘胜追击，5 年内攻下齐国城池 70 多座，他也凭此一战成名。

相约称帝

实力最强的秦国和齐国因称霸天下的野心而相约称帝，昭示着齐国彻底打破与周王室的关系，反映出东周末年礼崩乐坏已呈翻天覆地之势。

白起伐楚

公元前 279 年，秦国将领白起领兵数万入楚境，进逼鄢城，在城西筑堤凿渠，引水灌城，溺死城中军民数十万，乘势攻占鄢、邓、西陵等城。次年，攻破郢都，楚顷襄王被迫迁都。

诸侯国的实力不断增强
英雄们的梦想
不仅局限于封地和爵位
天下才是所有梦想家的舞台

战车衰落

由于人口数量的增长和生产力的提高，以及战争频发，步兵逐渐代替战车成为这个时代的主要作战力量。

攻城战

战国时期，战争持续时间开始变长，后勤补给开始变得非常重要。

战场上击鼓的士兵，通过鼓声的节奏变化把将领的指令传达给士兵。

更具机动性的骑兵逐渐成为战争的决定性力量。

技术的进步提升了战争的水平，攻城战开始在历史中出现。

步兵身穿盔甲、手持盾牌，以抵御来自敌方的箭镞、石块等攻击性武器。

战国时期名将辈出，卓越军事家的战略思想决定着战争的胜负。

域外来客

——鹰形顶金冠

"东方大陆上，华夏民族与四方诸族一同成长。"

1972年冬，在地处鄂尔多斯高原上的内蒙古自治区杭锦旗阿鲁柴登发现了一批极其珍贵的匈奴金银器，共计200多件，是两千年以前匈奴王的遗物，其特点是以鸟、兽纹为主体的各式金饰牌，有虎咬牛、虎吃羊等场面，在中国匈奴族考古史上是罕见的重大发现。

鹰形顶金冠，是迄今所发现的唯一的匈奴酋长金冠饰，代表了战国时期中国北方民族贵金属加工工艺的最高水平。自战国赵武灵王效胡服骑射以后，胡冠才传

入中原，将冠上的雄鹰改为鹖尾，即赤雉长尾，应是武官所服。匈奴人大多是能征善战的兵将，可这件鹰形顶金冠应属于匈奴王或酋长。

中国古代北方草原上活跃着一支强悍的匈奴游牧民族。据《史记·匈奴列传》等史籍记载，匈奴族的早期活动地域在大漠以南的鄂尔多斯、河套及阴山一带。鄂尔多斯及其周围地区成为匈奴族形成和发展的中心地区。匈奴族流行以动物纹为特征的青铜艺术品，尤以在鄂尔多斯发现的最为著名。

文物档案

名称：鹰形顶金冠
年代：战国
材质：黄金
规格：高 7.1 厘米
额圈直径 16.5 厘米
重 1211.5 克
出土地：内蒙古杭锦旗
收藏地：内蒙古博物院

赵国崛起

赵国成为制约秦国的最后一道防线。

胡服骑射

赵武灵王推行军事改革，命军队穿胡人服饰，发展骑兵，训练马上射箭战术。改革增强了赵国的军事实力，使其成为当时的强国。

沙丘宫变

公元前 295 年，赵章作乱，公子李成、李兑起兵靖难。赵章兵败投奔赵武灵王，武灵王收容了他。李成、李兑围攻武灵王居住的沙丘宫，杀死了赵章，还将武灵王饿死沙丘宫中。

分王赵代

赵武灵王废太子章而传位于幼子何（即赵惠文王），后又欲将赵国一分为二，封赵何为赵王，封赵章为代王。

白虹贯日

战国著名刺客聂政独身仗剑刺杀韩相，然后自我毁容自杀，传说当时有白色的长虹穿日而过。"白虹贯日"其实是一种大气光学现象。

战国时期的**战争规模十分庞大**
数十万士兵参加一场战役的情况
屡见不鲜

完璧归赵

赵惠文王得到和氏璧，秦昭王写信给赵王，说愿以 15 座城池换取和氏璧。蔺相如奉命带和氏璧来到秦国，机智周旋，终于完璧归赵。

渑池之会

公元前 279 年，秦王和赵王会于渑池，赵王被迫弹瑟，蔺相如为使赵国地位与秦国对等而据理力争，使秦王不得不击缶。秦又向赵要 15 座城池，蔺相如寸步不让，秦王毫无所得。

怒发冲冠

蔺相如带和氏璧出使秦国谈判，秦王轻蔑无礼，根本没有以城换璧的意思。蔺相如把璧巧取到手后，因过于愤怒以至头发竖起将帽子顶了起来。

负荆请罪

蔺相如官居廉颇之上，廉颇不服并扬言要羞辱他。为使将相和睦，不让外敌有隙可乘，蔺相如始终回避忍让。廉颇醒悟后，亲自到蔺府负荆请罪，二人成为刎颈之交。

铁制兵器和骑兵
往往能够影响战争胜负
大规模的**粮草运输供给工作**
也是考验各国宰相的难题

铜壶上的世界

——战国水陆攻战纹铜壶

"在战国，礼崩乐坏在另一个角度上代表着万象即将更新。"

战国水陆攻战纹铜壶，1965年出土于四川成都百花潭战国墓，是古人盛酒浆的器皿。该铜壶侈口、斜肩、鼓腹、圈足，肩上有御环两兽耳；其壶身嵌错有丰富多彩的图像，盖饰卷云纹、圆圈纹及兽纹，三鸭形钮鼎立，圈足上饰菱形纹和四瓣纹。

壶身用凸起的箍状带三角云纹饰分为四层画面。以壶肩两耳为左右，壶前后两面图像是对称的。从上至下第一层的左边为习射、厨房操作图像，右边为采桑歌舞图像；第二层场面宏大，左边为宴乐武舞图像，右边为弋射图像；第三层为水陆攻战图像，左边为步战仰攻，右边为水陆攻战；第四层为狩猎图像及饰双兽相背组成的桃形图案一周。

死亡和新生是战争带来

的双生子，奴隶们通过逃亡和迁徙获得新的身份，工匠们凭借手艺赢得尊重，商人们在各国边境沟通有无，积累财富，普通贵族和小地主抓住机会博取爵位和名望。这是一个全天下都在渴求进步的时代，不论是王侯将相还是贩夫走卒，努力就能改变命运，偷安则一定会被人取代。

文物档案

名称： 战国水陆攻战纹铜壶
年代： 战国
材质： 青铜
规格： 高40.3厘米
　　　　　口径13.2厘米
出土地： 四川成都
收藏地： 四川博物院

谋士的天堂

各种思想在各国朝堂上碰撞交锋。

河东三贤

战国初年，因魏国名士段干木、孔子弟子子夏、学者田子方三人皆出于儒门，又先后为魏文侯的老师，故被后人称为"河东三贤"。

郑国渠

公元前 246 年，韩王派间谍郑国去游说秦王而建郑国渠。该渠西引泾水、东注洛河，长达 150 余千米，使关中成为沃野。

远交近攻

秦国的谋士范雎向秦王提出了"远交近攻"策略，先把斗争重点放在离秦国较近的韩、赵两国，暂时对较远的齐、燕置之不顾，并稳住楚、魏两国。

干木富义

魏国名贤段干木富有德行，很有名望，受到魏文侯的敬重。

战国时期能人辈出
其中最受诸侯贵族们欢迎的
就是能舌战群雄的谋士

折竹抄书

相传，张仪年轻时替人抄书，遇到好句子就写在掌中或腿上，回家后就折下竹子刻写下来，久而久之就集成册子。他后来首创"连横"的策略，游说各国服从秦国。

苏秦刺股

苏秦曾在外游历多年，仍穷困潦倒。他回到家中，埋头苦读，夜里读书欲睡时，就用锥子扎大腿，惊醒后继续学习。

楚幕有乌

楚伐郑，郑国得到诸侯国援助，迫使楚军连夜撤退。为防追击，楚军留下空营作掩护。军幕空虚便有乌鸦栖息，郑军由此得知楚军营内的虚实。

谋士们带来了
解决问题的办法
也推动了战国形势的发展

利令智昏

公元前 262 年，韩国割上党给秦国，守将冯亭不愿降秦国，欲将上党献给赵国。赵王和平原君贪图小利，最终使秦赵在长平大战，赵军 40 余万被坑杀。

南有乔木
——木雕双头镇墓兽

"楚国宜人的气候，让楚人的工艺品有着丰富的自然形象。"

木雕双头镇墓兽由实心方木底座，兽和头部插两对成年鹿角组成。镇墓兽背向的双头曲颈相连，两只兽头雕成变形龙面，巨眼圆睁，长舌伸至颈部。两头各插一对巨型鹿角，鹿角杈桠横生，枝节盘错，转侧变幻，意象极为奇异生动。通体髹黑漆后，彩绘兽面纹、勾连云纹、几何形方块及菱形纹等，显得神秘而魔幻。这是楚墓镇墓兽造型中最为怪诞、最为壮观的一件。

木雕双头镇墓兽似人非人、似兽非兽，给人一种狰狞恐怖的感觉。其造型可能与身披熊皮，头套面具，执戈举盾，到墓圹内以戈击四角，驱逐鬼怪的方相氏有关。镇墓兽的头上安装鹿角或木制鹿角，是因鹿角具有某种神异之力，对死者在冥界生活起到保护作用。

东周时期的楚墓流行使用镇墓兽，应与他们对地府的认识有关。镇墓兽在楚地出现后，向外流传，后来各地都出现了镇墓神物，五代以后逐步消失。对于盛产铜矿的楚国人来说，玩青铜器早已不是多么了不起的事情。相较于沉重、严肃的青铜器物，更为实用、便捷、精美的木器和漆器则成为了当地贵族的日常风尚。

文物档案

名称：木雕双头镇墓兽
年代：战国
材质：木
规格：高170厘米
出土地：湖北江陵
收藏地：荆州博物馆

自由年代

这是一个思想自由开放的年代。

朝秦暮楚

战国时期，秦楚两个诸侯大国相互对立，经常作战。有的诸侯小国为了自身的利益与安全，时而倾向秦，时而倾向楚。

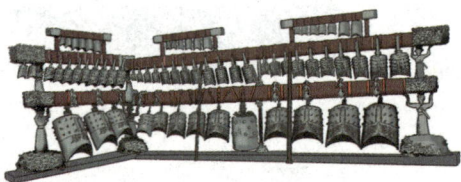

九龙之钟

古代上层社会专用的打击乐器——编钟，不仅为祭祀礼仪活动所需，更以随葬乐钟来显示其地位与修养，楚王以"九龙之钟"作为社稷的象征。

《离骚》

《离骚》为战国时期诗人屈原所作，是中国古代最长的抒情诗，开创了中国文学史上的"骚体"诗歌形式，对后世产生了深远影响。

《战国策》

《战国策》是一部国别体史书，记述战国时期纵横家的政治主张和策略，展示战国时期的历史特点和社会风貌，是研究战国历史的重要史料，对《史记》的形成具有重大影响。

所有的思想都有生存的空间
所有的主张都有实验的战场
每一天都有新的思想诞生

不败战神

战国初期军事家吴起，文武双全，撰写了《吴子兵法》，创建了魏武卒，有"与诸侯大战七十六，全胜六十四"之说，故被称为"不败战神"。

人之初，性本善

"人之初，性本善"起源于战国时期孟子的主张"性善论"。他认为人生来就具有天赋的"善端"，是人高于动物的本质特征。

申不害

申不害以"术"著称，著有《申子》。他任韩国丞相 15 年，推行"法"治、"术"治，使韩国国力逐渐强盛起来，成为战国七雄之一。

白马非马

公孙龙认为"马"指各种颜色的马，"白马"专指一种白色的马，所以"白马"不是"马"。这是诡辩学的重要命题。

诸子百家争鸣
思想百花齐放
开启中国思想文化的源头

对往生的想象

——《人物御龙帛画》

"人究竟会向何处去？"

　　《人物御龙帛画》是战国中晚期佚名创作的绢本水墨淡设色画作，1973年出土于长沙子弹库楚墓1号墓穴，出土时平放在椁盖板与棺材之间，描绘了墓主人乘龙升天的情景，现收藏于湖南省博物馆。

　　这幅帛画上端有竹轴，轴上有丝绳，为一幅可以垂直悬挂的幡，应是战国时期楚国墓葬中用于引魂升天的铭旌，属于非衣性质的战国晚期帛画。

　　画面正中描绘一个长胡须的男子，侧身直立，腰佩长剑，手执缰绳，驾驭着一条巨龙。龙头高昂，龙尾翘起，身平伏，略呈舟形。在龙尾上部站着一只鹭，圆目长喙，顶有翰毛，仰首向天，神态十分潇洒。画的上方为舆盖，三条飘带随风拂动；左下角为一鲤鱼。画

幅中舆盖飘带、人物衣着和龙颈所系的缰绳，都是由左向右拂动，表现了风向的一致。

　　楚人认为，人死之后，魄往下沉，魂往上飘。因此，把帛画放在棺椁的夹层中，游魂可以通过引魂幡归来，完成升仙。这虽是一种虚幻，但反映了先民们征服自然的浪漫主义气质。

养士之风

养士之风在战国十分盛行。

养士之风

战国时期，有实力、有抱负的上层权贵们，通过养士的方式大量集中人才，迅速抬高自己的政治声誉，壮大自己的政治力量，以称霸诸侯。

信陵君

信陵君为战国四君子之首，集手下门客思想言论编成《魏公子兵法》。他还设计偷取兵符救助赵国，留下了一段"信陵君窃符救赵"的佳话，保魏国十多年不受侵犯。

平原君

平原君是赵武灵王之子，因贤能而闻名。曾倾其家有，犒赏食客，得敢死之士三千人，击退秦军三十里。

春申君

春申君是战国四君子中唯一不是王室中人，曾以命相抵将楚国人质太子完救回楚国。太子完登位后，他被拜为国相，辅国持权 25 年，荣宠不衰。

由于分封制度的瓦解
没有继承权的贵族们
开始自谋出路

孟尝君

孟尝君是齐威王之孙，因田甲叛乱事出奔魏，任魏相，后联合燕国、赵国攻齐国。从此，中立于诸侯国之间。

鸡鸣狗盗

孟尝君出使秦国被秦昭王扣留，其食客有装狗者钻入秦宫偷出狐白裘，献给昭王爱姬以说情放孟，装鸡叫者引众鸡齐鸣骗开城门，终得以逃回齐国。

杀笑躄（bì）者

一个跛子因被平原君的妾嘲笑而请求平原君杀了她，平原君口头上答应了却不理会，门客因此走了一半。后来平原君杀了那个妾并向跛子道歉，门客们才陆续回来。

来自五湖四海的人才
在大贵族的门下
形成了一股不可小觑的
政治力量

毛遂自荐

战国后期，秦军包围了赵国都城邯郸。平原君把门客召集起来，挑选文武兼备的门客去楚国求救。毛遂自告奋勇一同前去，并成功说服楚王出兵。

修筑长城

长城的诞生，提高了诸侯国的防御能力。

战国时期，各个诸侯国陆续实行变法与改革，并修筑长城防止敌国入侵。

战国时期的长城是诸侯国之间相互防御的工具，规模较小，互不连贯。

自战国起，后世一直在不断地修筑长城，其长度也随之不断地增加。

修筑长城耗费了大量的人力和物力，参与修筑的劳动力多是奴隶或战俘。

随着长城修筑工艺的不断改进，长城越来越坚固，其实用性也越来越强。

人们根据现有的地形特点，就地取材，用夯土、石块等材料修筑长城。

战国"煲仔饭"
——镶嵌几何纹敦（duì）

"战争带来灾难和死亡，也加速了财富与权力的聚集。"

镶嵌几何纹敦，盛食器，以三角形与长方形的几何纹连续构图，填以红铜丝或细银丝镶嵌的云纹。整体由两个半球相合而成，下半部为器身，上半部为器盖，器身与器盖以子母口相连，结合紧密。上下两部分均有二耳、三足，器盖仰置可以作器物使用。

此敦制作工巧精丽，造型圆柔优美；通体饰以阴阳互托的大三角形云纹，并用红铜丝、银丝或绿松石镶嵌，具有细密流畅、富丽堂皇的效果，显示其装饰工艺已达到登峰造极的地步。

敦，古代青铜食器，用来盛放黍、稷、粱、稻等

饭食，由鼎、簋的形制结合发展而成。就饪食器总体的发展变化而言，与鼎中盛肉食相配套的盛饭食的器物，西周是簋，春秋是敦，战国以后则是盒。《礼记·明堂位》记载："有虞氏之两敦。"说明敦很早就已经从盛储器演变为礼器，产生于春秋中期，盛行于春秋晚期到战国晚期，秦代以后渐趋消失。

战国货币

货币对经济有着重要影响。

圜钱

先秦时期古铜币，又称"环钱"，为圆形，方孔或圆孔，铸有文字。主要流通于战国时的秦、魏两国，战国末年，齐、燕、赵也有圜钱。

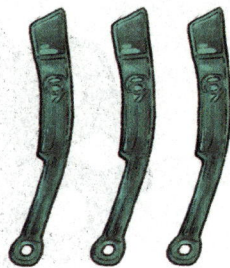

齐刀币

齐国货币。齐刀币的种类丰富，分为三字刀、五字刀、六字刀等，在中国货币史乃至金属铸造史上都具有重要地位。

燕明刀

燕国钱币。按形状分为圆折、方折两种，通长十余厘米，重十余克，背文多为记数、记物、记状，还有许多难解的符号标记。

布币

因形似铲状农具又称"铲币"，分为"空首布"和"平首布"两大类，币上一般铸有地名，有的铸有币值面额、干支等。

方足布

"平首布"的一种分式，因下足方正而被称为"方足布"，正面钱文为地名和重量单位等文字信息，周身有一条郭线。

鬼脸钱

楚国铜币蚁鼻钱，仿海贝形状，面凸背平，正面有文字，最常见的一种一般释为"贝"字，像一人面，俗称"鬼脸钱"。

桥足布

魏国流行的主要布币。因两足间的连接弧线看上去像桥拱而被称为"桥足布"，正面钱文为城市或地名。

楚金币

既有特定铭文的扁平金版，也有无钤印字的金版、金饼。正面刻有"郢爰"等字，割成零星小块使用，通过等臂天平称量再行交换。

货币种类繁多
币制混乱
列国各自为政
经济自成体系

富国强兵

战国时期，土地兼并和人口流动现象十分普遍，土地和人口也成为大国之间争夺的重点。

为了逃避重税和徭役，庶逃亡的现象时有发生。

为了增加税收，并吸纳更多的流动人口，国君们开始允许土地买卖。

战争导致青壮年人口数量锐减，传统社会的经济基础受到威胁。

由于战争、繁重的税收以及人口的逃亡，很多公田都荒废了。

水利工程的修筑为人们改善了农业灌溉问题，并提高了粮食产量。

很多诸侯国通过重赏军功、高征兵标准等手段来提升军队战斗力。

为了增强国力，很多诸侯国出台了有利的人口政策，以此来吸引逃亡的庶民。

铁制农具和牛耕技术的广泛使用，提高了农业生产力。

神龙图腾
——曾侯乙建鼓底座

"思想是为了解决问题而诞生的。"

这件建鼓底座结合了分铸、铸接、铜焊、镶嵌等工艺，由8对镶嵌着绿松石的大龙簇拥着中心圆柱，圆雕的群龙身上盘绕着数十条小龙，首尾呼应，相互缠绕，圆座的外缘有4个对称的铜环提手。

整个建鼓底座远看像一盆熊熊燃烧的火焰，是目前考古所见最精美的一件先秦时期建鼓底座。

据史料记载，"植而贯之，谓之建鼓"。建鼓，是以一柱贯通鼓腔，竖立在鼓座上。建鼓底座作为乐器附件，用于承插建鼓贯柱，稳定建鼓。精美繁复的龙饰在曾侯乙墓出土文物中比较普遍，在相当多的青铜器上都出现了相似纹饰。古代人说叶公好龙，看来这位曾国国君也非常喜欢龙。

江汉小国曾国居然出土了规模巨大、工艺精湛的大批文物，可见战国时期整体工艺制造水平已经达到了非常高的水平。战国时期的文化多元而开放，很多有才华的人得到机会施展抱负。时代给予这些匠人展示天赋的机会，而这些匠人则为历史留下了珍贵的宝藏。

文物档案

名称：曾侯乙建鼓底座

年代：战国

材质：青铜

规格：高 50 厘米

直径 80 厘米

出土地：湖北随州

收藏地：湖北省博物馆

战国科技

战国是科技高速发展的时代。

都江堰水利工程

都江堰水利工程由秦国蜀郡太守李冰率众修建，是全世界迄今为止，年代最久、唯一留存、以无坝引水为特征的宏大水利工程。

垄作法

人们把田地开成一条条的垄和沟，在高田挖沟种植，利于抗旱保湿，在低田做垄，利于排水防涝。

《甘石星经》

齐国人甘德和魏国人石申发现了金、木、水、火、土五颗行星的运行规律，分别著成《甘经》与《石经》各八卷，两书合称《甘石星经》，是世界上最早的天文学著作。

《黄帝内经》

《黄帝内经》约成书于战国至秦汉时期，古人根据对生命现象的长期观察、大量实践以及解剖知识，著成《素问》和《灵枢》两部医书，合为传统医学四大经典之首——《黄帝内经》。

封建经济得到初步发展
社会生产力水平进一步提高
是科学技术发展的强大推力

筹算法

商人经商时，会随身携带一些小木棍，通过不同的摆放方式来记数。筹算法可以精确到小数点以后若干位，并进行乘除法的计算。

木炭冶铁

以木炭为主要燃料和还原剂，添加石灰石为助熔剂，冶炼温度高于1400度，为高炉炼铁。中国现存最早的冶铁遗址在河南省驻马店市出山镇。

古代的"指南针"

用天然磁铁制成一把汤匙状指南工具，放在铜制方形地盘中转动，盘上刻有24个方位，停下来时匙柄正指向南方，称之为"司南"。

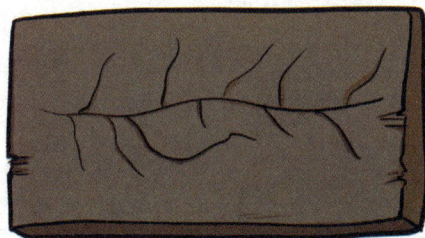

木板地图

1986年出土的战国秦木板地图，反映了战国时期秦国所属的行政区域、地理概貌和经济概况。地图中有关地名、河流、山脉及森林资源的注记有80多条。

朴素的唯物论思想成就的出现
为科技的发展提供了可能性

诸子百家

老子

姓李名耳，字聃，楚国人。道家学派创始人，与庄子并称"老庄"。

庄子

名周，宋国人。庄学的创立者，道家学派代表人物。

墨子

名翟，宋国人，曾任宋国大夫。墨家学派创始人，提出"兼爱""非攻"等观点。

孔子

名丘，字仲尼，鲁国人。儒家学派创始人。

孟子

名轲，字子舆，邹国人。儒家学派代表人物，与孔子合称"孔孟"。

孙武

字长卿，齐国人。兵家学派创始人，被尊称为"兵圣"。

鬼谷子

姓名传说不一，因隐居在云梦山鬼谷，故自称鬼谷先生。纵横家创始人，被后世尊为"谋圣"。

许行

楚国人。农家学派代表人物，主张"贤者与民并耕而食，饔飧（自理炊事）而治"。

公孙龙

字子秉，赵国人。名家的代表人物，"诡辩学"的祖师。

韩非

又称韩非子，韩国人。法家学派代表人物。

邹衍

又称邹子，齐国人。阴阳家代表人物，提倡五行说、"五德终始说"和"大九州说"。

荀子

赵国人。著名的思想家、哲学家、教育家，儒家学派的代表人物。

战国七雄兴亡图

齐国受封　公元前 1046 年

燕国受封　公元前 1044 年

楚国受封　公元前 1042—前 1021 年

公元前 506 年　吴楚之战

秦国受封　公元前 770 年

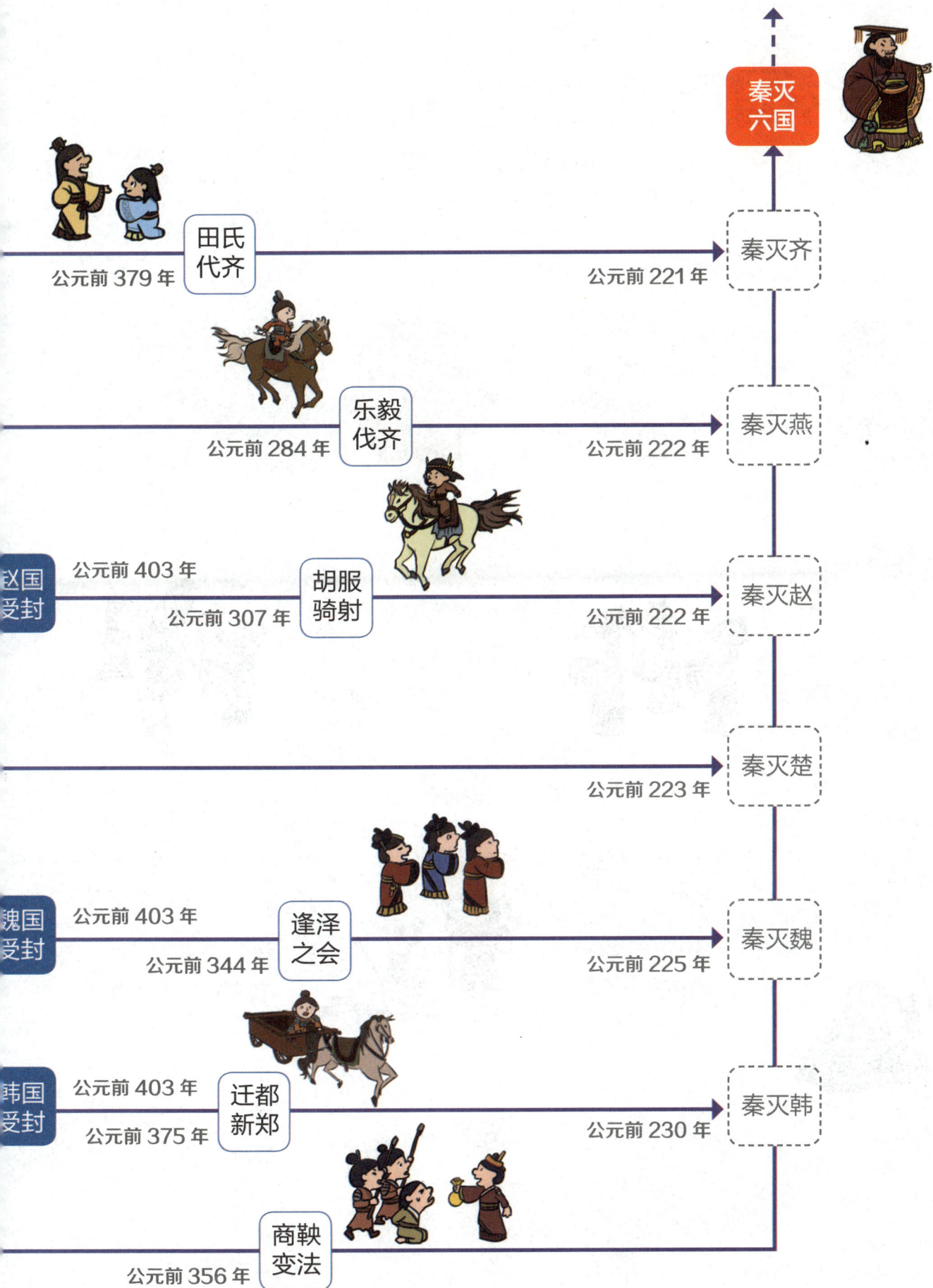

秦灭六国

秦灭齐　公元前 221 年

田氏代齐　公元前 379 年

乐毅伐齐　公元前 284 年

秦灭燕　公元前 222 年

赵国受封　公元前 403 年

胡服骑射　公元前 307 年

秦灭赵　公元前 222 年

秦灭楚　公元前 223 年

魏国受封　公元前 403 年

逢泽之会　公元前 344 年

秦灭魏　公元前 225 年

韩国受封　公元前 403 年

迁都新郑　公元前 375 年

秦灭韩　公元前 230 年

商鞅变法　公元前 356 年

91

战国历史大事记

公元前 475—前 221 年

| 公元前 354 年 | 公元前 344 年 | 公元前 341 年 | 公元前 323 年 |

围魏救赵

魏国围困赵都邯郸，赵国向齐国求救。齐军采用避实就虚的策略袭击魏都大梁，迫使魏军回撤，并大败魏军。

马陵之战

公元前341年，齐国在马陵大败魏国，从此魏国的国势衰落。

逢泽之会

公元前344年，魏惠王召集诸侯在逢泽会盟，然后率众去朝见周天子，魏国霸业达到顶峰。

五国相王

在公孙衍的斡旋下，魏国、韩国、赵国、燕国和中山国结成联盟，各国国君均称王，以对抗秦、齐、楚等大国，该事件标志着周天子权威的彻底削弱。

| 公元前 316 年 | 公元前 284 年 | 公元前 279 年 | 公元前 221 年 |

秦灭巴蜀

秦王欲攻巴蜀但犹豫不决，司马错进言，得蜀地可扩大疆域，取其财还可富民缮兵，巴蜀水道直通楚国，得蜀便得楚，楚亡则天下一统。最终秦王采纳了司马错的主张，灭了巴蜀。

乐毅破齐

燕将乐毅统领赵、楚、韩、魏、燕5国军队讨伐齐国，在济水以西打败齐军主力。齐军精锐已失，国内纷乱，乐毅率燕军乘胜追击，五年内攻下齐国城池70多座，他也凭此一战成名。

白起伐楚

公元前279年，秦国将领白起领兵数万入楚境，进逼鄢城，在城西筑堤凿渠，引水灌城，溺死城中军民数十万，乘势攻占鄢、邓、西陵等城。次年，攻破郢都，楚顷襄王被迫迁都。

秦灭齐

战国末年，秦国军队所向披靡，剪除韩、赵、魏等国后，秦将王贲率兵从北面偷袭齐国，齐王不战而降。至此，嬴政统一全国。

图书在版编目（CIP）数据

藏在博物馆里的中国历史·春秋战国那些事儿 / 有识文化，成都地图出版社编著；李红萍绘 . -- 成都：成都地图出版社有限公司，2022.3

ISBN 978-7-5557-1855-0

Ⅰ.①藏… Ⅱ.①有… ②成… ③李… Ⅲ.①中国历史—春秋战国时代—通俗读物 Ⅳ .① K209

中国版本图书馆 CIP 数据核字（2021）第 263628 号

藏在博物馆里的中国历史·春秋战国那些事儿

CANG ZAI BOWUGUAN LI DE ZHONGGUO LISHI · CHUNQIU-ZHANGGUO NAXIE SHIR

策　　划	唐艳
主　　编	鄢来勇　刘国强　黄博文
副 主 编	姚　虹　范玲娜　唐艳
责任编辑	陈红　魏玲玲
审　　校	魏小奎　吴朝香　王　颖　赖红英　田　帅
责任校对	向贵香
审　　订	肖圣中　邹水杰　毌有江　李春燕　李青青
	聂永芳　刘国强　姚　虹　张　忠　程海港
出版发行	成都地图出版社有限公司
印　　刷	运河（唐山）印务有限公司
经　　销	全国各地新华书店
开　　本	880 毫米 × 1230 毫米　1/16
印　　张	6
字　　数	80 千字
版　　次	2022 年 3 月第 1 版
印　　次	2022 年 3 月第 1 次印刷
书　　号	ISBN 978-7-5557-1855-0
审 图 号	GS（2022）20 号
定　　价	36.00 元